VIOLIN REPERTOIRE

SAINT-SAËNS
Introduction et Rondo Capriccioso Op.28
New Edition

Edition révisée par Gérard POULET, Yori KAWASHIMA

サン=サーンス
序奏とロンド・カプリチオーソ
新訂版

ジェラール・プーレ、川島余里 校訂

JN144729

音楽之友社

ONGAKU NO TOMO EDITION

演奏のアドバイス

ジェラール・プーレ

作曲：1863年／出版：1870年／献呈：パブロ・サラサーテ
初演：1872年、パブロ・サラサーテ

サン＝サーンスのヴァイオリン作品

カミーユ・サン＝サーンス（1835年〜1921年）は、ヴァイオリン協奏曲3曲、ヴァイオリン・ソナタ2曲、《序奏とロンド・カプリチオーソ》や《ハバネラ》などヴァイオリンの名曲を数多く作曲しました。これらの古典的なスタイルで書かれた作品は、どれもヴァイオリン・パートがとてもうまく書かれています。

カミーユ・サン＝サーンス

サン＝サーンスは、ヴァイオリンという楽器をよく知っていました。どの音を使ってどのように鳴らしたら、この楽器の特性が活かされるのか、深く理解し、楽譜にうまく書き記す才能を持っていました。彼の作品のヴァイオリンは、協奏曲でもヴィルトゥオーゾな曲でも室内楽であっても、「ヴァイオリン的」にうまく響きます。

この技術をサン＝サーンスが本能的に知っていたのでしょうか？　たとえば、ドビュッシーは「ヴァイオリン的」に書く技術を本能的には持っていませんでしたので、私の父ガストン・プーレに助力を頼みました。ドビュッシーは、ヴァイオリンの作品はほんのわずかしか書いていません。おそらくサン＝サーンスのほうがヴァイオリンの書法をよく知っていて、テクニックも持っていたのだと思います。サン＝サーンスのヴァイオリン曲は、どれも素晴らしいです。《ハバネラ》は本当に傑作だと思います。そしてこの《序奏とロンド・カプリチオーソ》は傑作中の傑作です。2つのソナタも忘れてはいけません。1番のほうがよく弾かれますが、2番も大変美しい曲です。

ヴァイオリニストにとって重要なことは、サン＝サーンスの作品には、パガニーニ作品とは全く異なる難しさがあることです。サン＝サーンスの音符の難しさは、どちらかというとチャイコフスキーに近く、とても歌があり、ブリランテで華やかなところが似ていると思います。それがヴィルトゥオーゾの価値を生み出しています。

サン＝サーンスとサラサーテ

《序奏とロンド・カプリチオーソ》は、パブロ・サラサーテ（1844年〜1908年）のために作曲されました。サラサーテはスペインのバスク地方出身のスペイン人ですが、パリ音楽院で学び、フランスで「偉大なヴァイオリニスト」として高く評価されました。彼の演奏していたストラディヴァリウスは、パリ音楽院の楽器博物館に献呈されて今もそこにあります。サン＝サーンスはこの曲の他に、ヴァイオリン協奏曲第3番を献呈し、ラロも《スペイン交響曲》を彼のために書くなど、多くの作曲家がサラサーテのために作品を書きました。

パブロ・サラサーテ

《序奏とロンド・カプリチオーソ》には、サラサーテの技術の影響がたくさん見られます。ヴィルトゥオーゾな表現や速いパッセージの可能性の追求など、サラサーテがどのように演奏するか想像しながら書いたのでしょう。そのためか、この曲はサン＝サーンスのヴァイオリン曲の中で一番難しい曲になりました。たとえばこの曲の D の部分にもサラサーテの影響が感じられますし、コーダの部分の一番困難なテクニックを要求するところは《ツィゴイネルワイゼン》を思わせます。

サラサーテの音楽にはスペインの音楽要素が色濃く現れていますし、サン＝サーンスの《ハバネラ》に同じ雰囲気が感じられますが、この曲はそれほどでもありません。D の部分は、ヴァイオリン・ソロが2/4拍子でピアノが6/8拍子となり、ピアノに《アンダルシアのロマンス》と同じ伴奏型が登場しますが、「スペイン風」に演奏する必要はなく、ロマン派のスタイルで演奏するのがよいでしょう。

「ロンド・カプリチオーソ」という曲名について

「ロンド」というタイトルのとおり、この曲は明快なロンド形式で構成されています。ただしロンド形式は ABACABA と3つの要素から成るものが一般的ですが、この曲には D や E、コーダといったように要素が増えています。（本書では、ロンド形式の区分を楽譜中に書き入れています）。

「カプリチオーソ capriccioso」という言葉にパガニーニの「カプリース caprice」を連想する人がいるかもしれませんが、両者の世界はまったく異なります。パガニーニは、サン＝サーンスより以前の音楽家ですが、パガニーニ生前、彼の作品は彼以外の人が演奏することはありませんでした。非常に演奏が難しく、また技術を公開しなかったため、死後、一時パガニーニは忘れられた存在になったのです。

今でこそパガニーニの作品はコンクールなどで弾かれるようになりましたが、ヤッシャ・ハイフェッツのような名手でさえも、パガニーニをあまり弾きませんでした。ハイフェッツはこのサン＝サーンスの《序奏とロンド・カプリチオーソ》と《ハバネラ》、そしてヴァイオリン・ソナタをとてもよく弾いていました。

演奏の伝統

《序奏とロンド・カプリチオーソ》は、スタッカートやスピッカートやソティエなどに多彩な表現があり、重音、3度、ハーモニクス、音階などヴァイオリン技巧のすべてが含まれています。技術や表現力、クオリティのすべてが明るみになるヴァイオリニストの「証明書」のような曲なので、多くの名手によって演奏されてきました。

ジーノ・フランチェスカッティはこの曲を得意とし、フラ

ンスの模範的なスタイルを見事に表現していました。また偉大なフランス人ヴァイオリニスト、クリスチャン・フェラスも同様でした。ロシア系のヴァイオリニストもこの曲をよく演奏しますが、私には、少し違うスタイルに聞こえます。この曲はエレガントな要素が必要で、チャーミングなフランス風の弾き方で弾いてほしいと思います。しかしハイフェッツは別格で、彼の演奏は後光がさしていました。彼の演奏をフランス的ではないという人もいますが、明晰な、太陽のような音は素晴らしいです。

私が15年間師事したヘンリク・シェリングもクラシカルで素晴らしい演奏をしました。彼はベルリンではカール・フレッシュの流派に属していましたが、18歳のときパリに来て、フランス音楽を学び、様々なスタイルを身につけました。

演奏上の注意点

◆テンポ

テンポの設定に注意してください。第309小節のコーダを、それ以前と同じテンポで弾いてしまう人がいますが、♩.= 120 で弾くのが理想的です。難しいですが、非常によいテンポだと思います。

ロンドの冒頭 A の ♩.= 88 もとてもよいテンポです。ほとんどの人はここが速く弾きすぎ、第89小節が弾けなくなってしまいます。「**ma non troppo**」であることに注意してください。

◆音、弓

この曲は、明るい音でエレガントに弾かなければなりません。硬い音は禁物で、やわらかく弾いてください。弓は、元ではなく真ん中や先を使うのがよいでしょう。長いボウイングの際は弓を節約して、とにかく元を使わないようにしましょう。

第40小節からの最初のスピッカートの箇所も、弓の真ん中から先を使います。

C のテーマも硬く弾いてはいけません。次の譜例は、サン=サーンスによるオリジナルです。

ここをフランチェスカッティは次のように演奏しました。

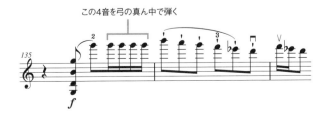

このモティーフの最初の4つの音を元で弾いたら、きつい音になってしまいます。ここも真ん中で弾くべきです。多くの生徒が元で弾いて衝撃音になっています。

第304小節の和音群も、硬くない、まろやかな音で弾いてください。換気をするように右腕を開いて、和音に空気を取り入れるようにします。垂直に力を入れないで水平に弾きます。

◆休符

この曲には、強拍が休符になっているところがたくさんあります。このような箇所で、弱拍を強く弾いてしまう人が多いのですが、休符やタイの直後に出てくる音に、絶対にアクセントを付けてはいけません。強拍をピアノ伴奏が鳴らしているので、それを感じてください。また上拍（アップビート）は、次の小節に向かう拍です。弱拍や上拍を重くしたり強くしたりしてはいけません。

第90、91小節は、小さな休符を意識してください。

◆ヴィブラート

第237、241小節にあるスフォルツァンドは強くするのではなく、ヴィブラートをかけてください。

ここは右手の弓でつくるアクセントではなく、左手のヴィブラートで表現するアクセントです。

ヴィブラートは音を出してからかけるのではなく、音を出す前にかけておいて、そこに弓を乗せます。

常にブリランテでアマービレ。弓をぶつけるように当てては絶対にいけません。にっこりできるように弾きましょう。

（以上、訳：川島余里）

この版について

この版は2012年刊行同タイトルの新訂版です。校訂に際し、デュラン版（ビゼーによるピアノ伴奏版）を底本とし、オーケストラ版の自筆譜やスコアを参照して、強弱記号とアーティキュレーションの一部を修正しました。新訂版刊行時に、主に、ヴァイオリン・パート譜にフィンガリングの追加やボウイングの若干の変更を行いました。

★ 22ページ322小節のビゼー編曲によるオリジナルは次のとおり。オーケストラ版をもとに修正しています。

à Monsieur Sarasate ／サラサーテに献呈

Introduction et Rondo Capriccioso
序奏とロンド・カプリチオーソ

réduction pour violon et piano par Georges Bizet
ジョルジュ・ビゼーによるピアノ伴奏編曲

Camille SAINT-SAËNS, Op. 28
カミーユ・サン＝サーンス, 作品 28

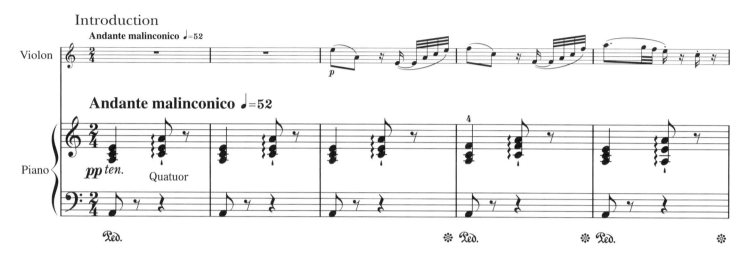

※ 楽譜の中の A B … は練習番号ではなく、ロンド形式の把握と理解を深める為の分析の一環である。

運指：川島余里

★ [ ]内の強弱記号はオーケストラ版に従って補足している。

6

★ 自筆譜と初版は　　　　　となっている。

à Monsieur Sarasate／サラサーテに献呈

Introduction et Rondo Capriccioso
序奏とロンド・カプリチオーソ

réduction pour violon et piano par Georges Bizet
ジョルジュ・ビゼーによるピアノ伴奏編曲

Camille SAINT-SAËNS, Op. 28
カミーユ・サン＝サーンス, 作品 28

運弓・運指：ジェラール・プーレ

※ 楽譜の中の A B … は練習番号ではなく、ロンド形式の把握と理解を深める為の分析の一環である。

★ 自筆譜と初版は となっている。

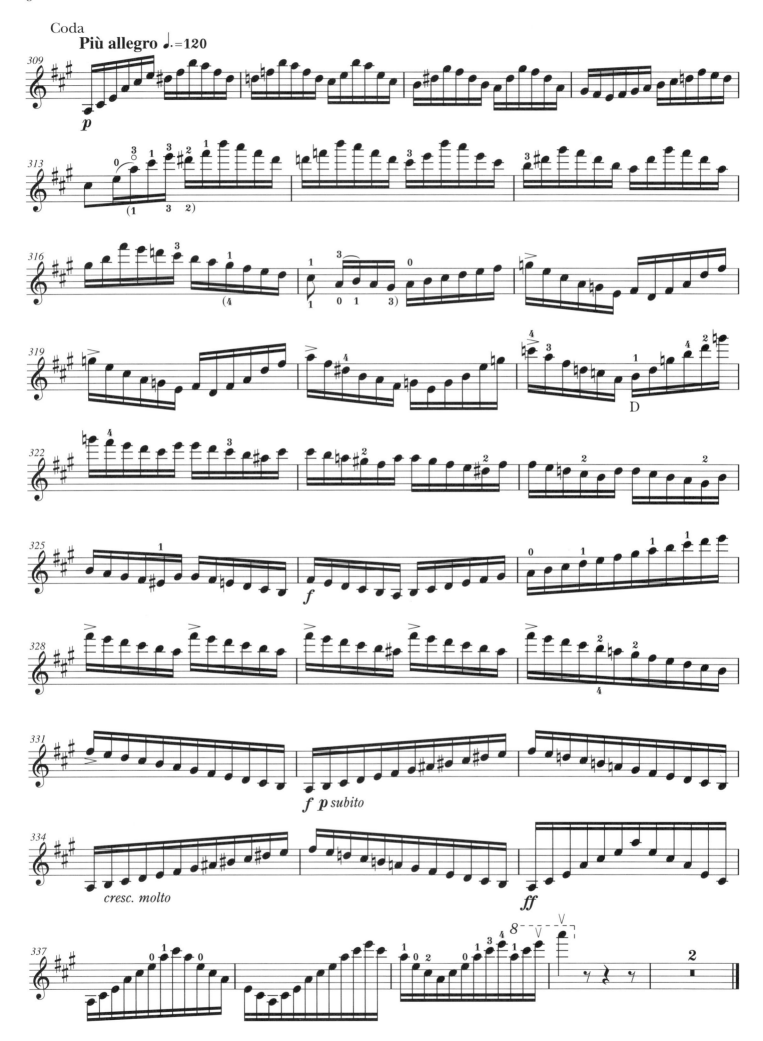

★ ビゼーによる編曲版は ♩. ♪ となっている。この版は、オーケストラ版に従った。

★ピアノ伴奏譜をオーケストラ版に従って修正している。ビゼーのオリジナルは3ページを参照。

写真：Mamoru Matsui

ジェラール・プーレ　Gérard POULET

世界的ヴァイオリニストであり教育者。指揮者でヴァイオリニストであったガストン・プーレを父親に持つ（ガストンは、1917年にドビュッシーのヴァイオリン・ソナタを作曲家自身のピアノで初演した際、共演したヴァイオリニストである）。

11歳でパリ国立高等音楽院に入学、2年後に首席で卒業。18歳でパガニーニ国際コンクール優勝。フランチェスカッティ、メニューイン、ミルシュテイン、とりわけ人生の師と仰ぐヘンリク・シェリング等の巨匠に師事。

世界各地でソリストとして活躍。多くのオーケストラと共演を重ね、これまでにパリ管弦楽団、フランス国立管弦楽団、ストラスブール・フィルハーモニー管弦楽団、RAI国立交響楽団、プラハ・ラジオ交響楽団、リエージュ・フィルハーモニー管弦楽団、北京交響楽団、シュトゥットガルト室内管弦楽団、読売日本交響楽団、東京シティ・フィルハーモニック管弦楽団、仙台フィルハーモニー管弦楽団等と共演。

77歳を超えた今も「現役」の演奏家として精力的にコンサート活動を行っており、各国の主要な国際コンクール審査員長にも招聘されている。

2003年に長年教授を務めたパリ国立高等音楽院を退官、その後はパリ市立音楽院とエコール・ノルマル音楽院で教鞭を執り、また東京藝術大学客員・招聘教授（2005年～2009年）を務め、2010年より昭和音楽大学の教授職にある。その他、多数の音楽大学にも招かれている。

コンクールの優勝・上位入賞者を多数輩出し、日本ヴァイオリン界のレヴェル・アップにも大きく貢献している。世界中でマスタークラスを行っており、日本では「京都フランス音楽アカデミー」「いしかわミュージック・アカデミー」「軽井沢国際音楽祭」「アーツ国際音楽セミナー」「河口湖バイオリンセミナー」等に招聘されている。

1995年フランス芸術文化勲章、1999年フランス文化功労賞を受賞。
日本弦楽指導者協会、日本フォーレ協会 名誉会員。

「今が人生の最高。こんなによい生徒たちを持ったのは生涯で初めて。多くの素晴らしい友人、同僚に恵まれ、日本にいる幸せをつねに感じている。日本人の心（思いやり）、丁寧さ、規律の正しさ、日本の食事が大好き」

www.gerard-poulet.com

川島 余里（かわしま より）

東京生まれ。3歳よりピアノを始め、桐朋学園大学音楽学部附属子供のための音楽教室に学ぶ。東京藝術大学附属高校および同大学作曲科卒業、同大学院修了。在学中にH.ピュイグ＝ロジェ氏の指導と影響を受け、演奏家になる志を立て1989年渡仏。パリ国立地方音楽院にてピアノ科とピアノ伴奏科のプルミエ・プリを取得。O.ギャルドン、G.ジョワ（デュティユー夫人）に師事。

1987年ピティナ第1回特級2台ピアノ部門優勝。2000年イタリア・トラーニ国際ピアノコンクール・ファイナリスト。2005年大阪府吹田音楽コンクール作曲部門において《ヴァイオリンのための組曲》(ヴァイオリン・ソロ)で第1位を受賞。

ソロ・室内楽奏者として幅広いレパートリーを持ち、オーケストラ共演も多数。ラジオ・フランスFM生放送でも演奏。

公式伴奏者としても「ロン＝ティボー国際音楽コンクール」「中国国際ヴァイオリンコンクール」をはじめ、「モーリス・ラヴェル国際音楽アカデミー」「ニース夏期国際音楽アカデミー」「カリアリ夏期国際音楽アカデミー」等、国際的に活躍。

パリ国立高等音楽院をはじめ、パリ市立音楽院、パリ区立音楽院、パリ・エコール・ノルマル音楽院等の伴奏者としての活動を経て、2005年帰国。

国内外一流のソリストから伴奏を依頼されており、とりわけジェラール・プーレに最も信頼されるピアニストとなる。

東京藝術大学弦楽科および附属高校で伴奏助手を務めた後、現在は東京藝術大学と昭和音楽大学で講師を務め、ソルフェージュ・伴奏・室内楽などで後進の指導にあたっている。日本フォーレ協会会員。

サン＝サーンス　序奏とロンド・カプリチオーソ　新訂版

2016年1月10日　第1刷発行
2023年12月31日　第3刷発行

校訂者　ジェラール・プーレ
　　　　川島　余里
発行者　時枝　正
　　　　東京都新宿区神楽坂6の30
発行所　株式会社 音楽之友社
　　　　電話 03(3235)2111(代)　〒162-8716
　　　　振替 00170-4-196250
　　　　https://www.ongakunotomo.co.jp/

476560

© 2016 by ONGAKU NO TOMO SHA CORP., Tokyo, Japan.

落丁本・乱丁本はお取替いたします。
Printed in Japan.

この音楽著作物の全部または一部を権利者に無断で複製（コピー）することは、著作権の侵害にあたり、著作権法により罰せられます。

楽譜浄書：長澤勝之
装丁：吉原順一
印刷：(株)平河工業社
製本：(株)誠幸堂